NORD SÜD VERLAG

Für Dorothee

Druck: Editoriale Lloyd s.r.l.
ISBN 3 314 01073 7

Der echte *Nikolaus* bin ich!

Eine Nikolausgeschichte
von Ingrid Ostheeren
mit Bildern von Christa Unzner

Nord-Süd Verlag

Endlich war es wieder so weit! Die Rentiere waren vorgespannt und die Geschenke im Schlitten verstaut. Der Nikolaus zog seine dicke, warme Wollunterwäsche an und den roten Mantel mit dem Pelz und der Kapuze. Dann kletterte er auf den Schlittenbock, knallte fröhlich mit der Peitsche und los ging die Fahrt!

Der Nikolaus war kaum in der Stadt angekommen, als ein dicker Polizist auf ihn zukam. »Sind Sie der Eigentümer dieser Tiere? Und wissen Sie, dass Ihr Fahrzeug nicht ordnungsgemäß beleuchtet ist?« Der Polizist zückte sein Notizbuch. »Die Bereifung ist auch stark abgenutzt. Und überhaupt ist parken hier verboten!«

»Aber ich bin doch der Nikolaus!«
»Das kann jeder sagen! Ich war auch schon mal der Nikolaus, im Kindergarten!« Der Polizist steckte sein Notizbuch wieder ein. »Lassen Sie sich nie wieder erwischen, Kollege!«, sagte er dabei streng.

Der Nikolaus schlenderte die Straßen entlang. Er bestaunte die vielen kleinen Nikoläuse in den Schaufenstern. Er schaute sich eine Auslage mit Schoko-Nikoläusen an und eine andere, in der viele Teddybären als Nikoläuse verkleidet waren.
Auf einem Plakat las er, dass abends der große Nikolausball der Feuerwehr stattfinden würde.

Und ein Schild vor einem Laden verkündete: »Nikolauskostüme zu verleihen!« Darüber wunderte sich der Nikolaus.
Ein Mann schlug ihm im Vorbeigehen auf die Schulter. »Auch vom Nikolaus-Mietservice?«, fragte er und fügte hinzu: »Tolle Maske. Sieht wirklich echt aus!«

Vor dem Kaufhaus stand ein Nikolaus mit einer Glocke in der Hand.
»Ho, ho!«, rief er.
»Was willst du denn hier, Kumpel?«
»Ich bin doch der Nikolaus«, sagte der Nikolaus.
»Ich auch«, lachte der andere und ließ seine Glocke scheppern.

Gerade kam eine Frau aus dem Kaufhaus, die ein weinendes kleines Mädchen hinter sich herzog. »Du bekommst keine Puppe, du hast genug Spielzeug!«, schimpfte die Mutter. Da trat der Nikolaus auf sie zu. Wie durch Zauberei hatte er plötzlich eine wunderschöne Puppe in der Hand.

Die Mutter blickte ihn zornig an. »Das wäre ja noch schöner!«, zeterte sie. »Du nimmst nichts an von Fremden, Tina, hörst du? Am Ende sollen wir noch eine Zeitung bestellen!« Sie zog das Mädchen mit sich fort.
»Ho, ho!«, lachte der Nikolaus vom Kaufhaus.

Mit seinem Gabensack betrat der Nikolaus das Haus, in dem die Familie Binsel wohnte. Die Söhne waren nicht besonders brav gewesen. Da kam plötzlich ein anderer Nikolaus die Treppe heruntergepoltert.
»Hallo, Kollege!«, rief er. »Auch vom Studenten-Schnelldienst? Ich habe gerade Geschenke zu den Binselbuben geschleppt.«
»Die waren doch nicht brav«, staunte der Nikolaus.
»Waren Sie als Kind brav?« Der andere Nikolaus stürmte lachend aus dem Haus.

Der Nikolaus war traurig. Es gab so viele Nikoläuse. Jeder konnte Nikolaus sein, hatte der Polizist gesagt. Ich bin überflüssig, dachte er betrübt.
Plötzlich stürmten aus dem Bankgebäude gegenüber drei Nikoläuse heraus. Einer warf ihm eine dicke Plastiktüte zu. »Treffpunkt Waldhaus! Mitternacht!«, rief er im Vorbeirennen.
Als ein Polizeiauto um die Ecke kam, waren alle drei blitzschnell verschwunden. Der Nikolaus schaute in die Tüte. Eine Menge Geldscheine waren darin. Kopfschüttelnd verstaute er sie im Schlitten.

Als er losfahren wollte, rannten zwei Polizisten auf ihn zu. »Halt! Stehen bleiben!«, rief der eine. »Sie sind verhaftet!«
Der andere war der dicke Polizist von vorhin. Der erkannte ihn sofort.
»Lass ihn in Ruhe, den kenne ich«, sagte er zu seinem Kollegen. Dann flüsterte er: »Der Alte ist ein bisschen hops. Er denkt, er ist der echte Nikolaus!« Und laut sagte er: »Die dicke Knollennase ist aber echt, oder?«
Das ärgerte den Nikolaus. Er fand nämlich, dass er eine sehr schöne Nase hatte.

Der Nikolaus war am Stadtrand angekommen. Er war sehr unglücklich. Noch hatte er kein Kind beschenkt, kein einziges. In einem Garten rief eine alte Dame nach ihrer Katze. »Hallo, Nikolaus!«, lachte sie fröhlich, als sie ihn sah. »Der bin ich wirklich. Wie haben Sie mich bloß erkannt? Glauben Sie denn an den Nikolaus?«, fragte der Nikolaus erstaunt.

»Aber natürlich!«, sagte die alte Dame.
»Die Kinder glauben aber nicht an mich«, meinte der Nikolaus betrübt.
»Sie möchten schon, aber sie trauen sich nicht. Kinder brauchen den Nikolaus! Und den Osterhasen! Und das Christkind! Das macht sie glücklich, wirklich!«, sagte die alte Dame.
»Wie soll ich aber den Kindern Geschenke bringen, wenn die Erwachsenen mich nicht zu ihnen lassen?«
Da lachte die alte Dame.
»Nachts natürlich. Heimlich. Das können Sie doch, oder? Enttäuschen Sie die Kinder nicht!«

Beim Abschied beschloss der Nikolaus, der alten Dame die Geldtüte zu schenken. »Was geschieht mit gestohlenem Geld?«, fragte er.
Die alte Dame sah ihn entsetzt an. »Sie gehören doch nicht etwa zur Nikolausbande? Ich habe im Radio davon gehört.« Der Nikolaus erzählte ihr alles und da nahm sie die Tüte. Von der Polizei würde sie dafür einen Finderlohn bekommen.
Er sagte ihr auch, wo die Polizei die Gauner erwischen konnte: um Mitternacht im Waldhaus.
Nikolausbande! So eine Frechheit!

In dieser Nacht eilte der Nikolaus von Haus zu Haus, um die Kinder zu beschenken. Die schliefen schon alle. Er stapelte Geschenke neben kleine Betten. Er steckte sie in Strümpfe und in Stiefel. Und er legte sie vor die Fenster der Kinderzimmer.
»Morgen, Kinder, wird's was geben, morgen werdet ihr euch freu'n«, summte er dabei vergnügt.

»Es macht nicht nur glücklich, Geschenke zu bekommen«, sagte er für sich.
»Es macht auch glücklich, Geschenke zu machen!« Er war sehr froh, dass die alte Dame ihm gesagt hatte, dass Kinder den Nikolaus brauchen.
Denn der Nikolaus zu sein war das Schönste, was er sich denken konnte.